Ciencias de la Naturaleza

1 primaria

más Savia

Con más Savia puedes disfrutar de recursos digitales y de un entorno donde estarás en contacto con tu profesor y con tus compañeros de clase.

Entrar en smmassavia.com es fácil

Escribe en internet la siguiente dirección: smmassavia.com

Regístrate e introduce el **número de licencia** que aparece en la página de la izquierda. Solo debes registrarte una vez.

Anota tu identificador y contraseña para que puedas entrar después de haberte registrado.

Si tienes alguna duda, puedes ponerte en contacto con nuestro Centro Integral de Atención al Cliente (CIAC).

ATENCIÓN AL CLIENTE
TEL.: 902 12 13 23 / 912 080 403
clientes@grupo-sm.com
www.grupo-sm.com

En cumplimiento de la ley de protección de datos, los datos añadidos en el entorno por los usuarios se borrarán cada curso escolar.

sm

Así aprendes con tu libro

① Tu libro te propone metas para saber para qué aprendes

Al comienzo de cada trimestre conocerás lo que vas a aprender en esta **ruta de aprendizaje.** Además, sabrás qué vas a realizar al final del trimestre para poner en práctica lo aprendido y colaborar a mejorar nuestro mundo. Estas actividades se llaman en tu libro Mejora tu...

④ Te permite trabajar con el apoyo de tus compañeros

Habrá actividades que resolverás en **equipo** para tener más seguridad. Así, poco a poco, trabajando en **equipo** aprenderás mejor a trabajar tú solo. A esta forma de trabajar la llamamos **Aprendizaje cooperativo.**

Hemos puesto iconos en estas actividades:

- G〉 Lo haces todo en grupo.
- I〉G Empiezas tú solo.
- G〉I Empiezas en grupo.

⑤ Ordena el aprendizaje en 4 momentos clave

Nos activamos	Comprendemos	Aplicamos	Comprobamos lo aprendido
Con actividades que despiertan tu interés y tu curiosidad.	Con textos e imágenes que te ayudan a comprender mejor.	Con actividades para que utilices lo aprendido.	Con actividades para que sepas qué has aprendido y cómo.

② Tiene en cuenta lo que sabes

Cada unidad comienza con una escena protagonizada por la Pandilla de la ardilla. Son situaciones que tú también puedes haber vivido.

Con estas primeras actividades vas a sentir curiosidad por aprender más. Y vas a darte cuenta de las cosas que ya sabes y de todo lo que te gustaría saber.

③ Facilita la comprensión de lo que lees y lo que haces

Sabemos que aprendes de muchas maneras diferentes. Por eso, en este libro encontrarás actividades de comprensión oral, de comprensión lectora, talleres y actividades interactivas en smMasSavia.com.

Son actividades que te harán pensar.

⑥ Te ayuda a saber cómo has aprendido

Al final de cada unidad y de la tarea podrás reflexionar sobre:

- Qué has aprendido y cómo has aprendido mejor.
- Con quién has aprendido y cómo te has sentido.

A esto le llamamos **metacognición**.

Sirve para que poco a poco te conozcas y cada vez puedas aprender mejor.

Índice

Tu entorno personal de aprendizaje en smMasSavia.com

El ser humano y la salud

Hola, soy Nora. Descubre conmigo cómo es nuestro cuerpo.

Unidad 1 Así soy yo

Unidad 2 Así funciona mi cuerpo

Une las piezas del troquel con encuadernadores.

1 Me muevo

2 Huesos y músculos

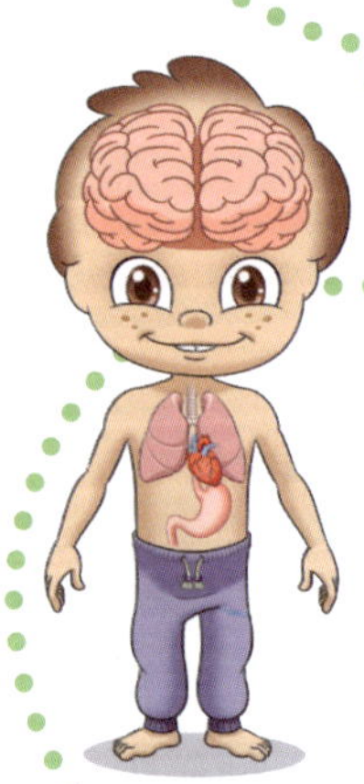

3 Mi cuerpo por dentro

4 Me cuido

5 Comemos y nos movemos

Dibuja tu cara en un troquel.

1 Mi cuerpo

2 ¿Cómo soy y cómo me siento?

Pienso y actúo

3 ¿Cómo actúo y qué me gusta?

Pienso y actúo

TAREA **FINAL**

Mejora tu cuerpo

Harás un muñeco
y verás cómo eres
por dentro y por fuera.

1

Así soy yo

1 ¿Dónde está Nora?

2 ¿A qué te gusta jugar en el patio?

3 ¿Qué diferencias hay entre el patio de infantil y el de primaria?

www

4 ¿Qué otras diferencias hay entre infantil y primaria?

5 ¿A quién tiene que pillar Aitor? Rodea. 1

6 ¿Qué harías si fueses el profesor?

www NOS ACTIVAMOS

1 Colorea los hilos de los que debe tirar Nora para mover la cabeza y los brazos del muñeco.

COMPRENDEMOS

2 Colorea según el código.

- cabeza
- tronco
- extremidades

3 Completa con vocales las partes de la cabeza.

- __ J __
- N __ R __ Z
- B __ C __
- C __ J __
- P __ L __
- __ R __ J __

4 ¿Conoces las partes del tronco? Repasa.

5 ¿Qué partes están en las extremidades? Marca.

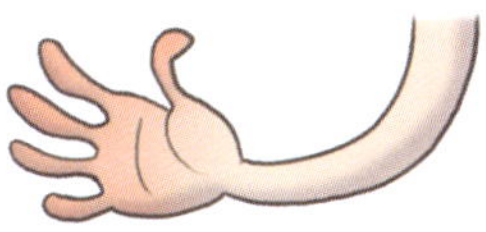
☐ BRAZO

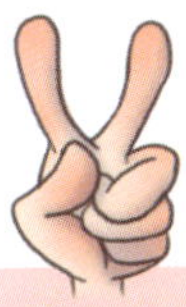
☐ MANO

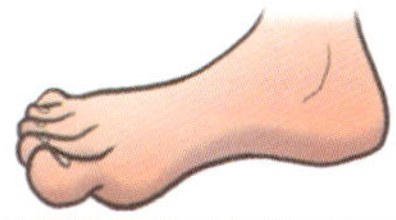
☐ PIE

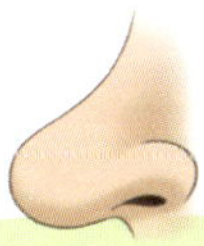
☐ NARIZ

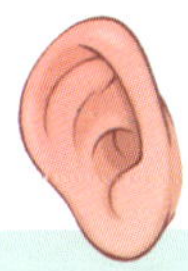
☐ OREJA

☐ PIERNA

Tenemos cabeza, tronco y extremidades.

APLICAMOS

6 Rodea de ◯ si es de la cabeza y de ◯ si es para el tronco.

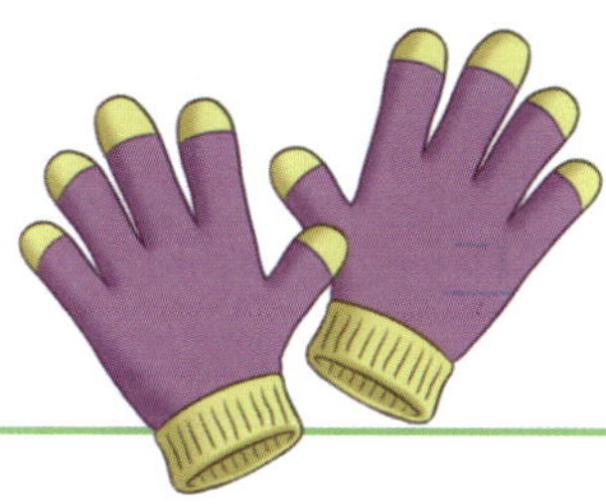

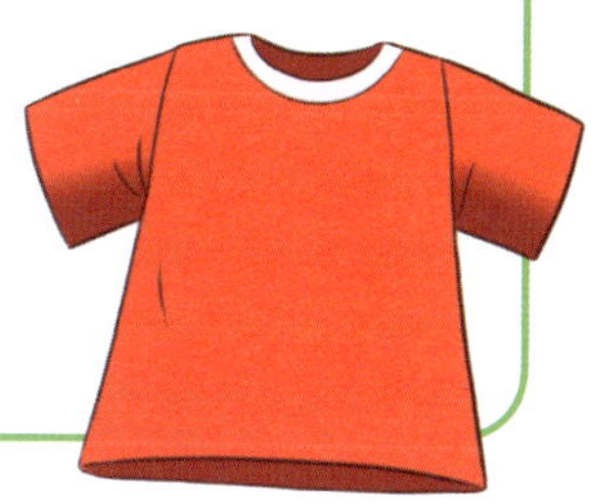

NOS ACTIVAMOS

1 ¿Cómo reconoces a tus amigos en la gallinita ciega?

COMPRENDEMOS

2 ¿Cómo es Irene? Sigue el camino.

3 **PREPARO LA TAREA.** Dibuja tu cara en el troquel.

G I 4 ¿Qué siente Nora? Habla con tu compañero y une.

Expresamos emociones con nuestro cuerpo.

www APLICAMOS

5 ¿A quién relacionas con cada emoción? Rodea.

3 ¿Cómo actúo y qué me gusta?

1 ¿Qué harías si fueses Ismael?

2 ¿Qué harías tú en cada caso? Pega.

3 ¿Qué puedes hacer tú solo? Marca.

 ☐

 ☐

 ☐

 ☐

4 ¿Qué le gusta a Nora? Rodea lo que te gusta hacer a ti.

Debemos pensar qué hacer antes de actuar.

APLICAMOS

5 Dibújate haciendo lo que más te gusta y coméntalo.

PIENSO Y ACTÚO

¿Qué harías tú?

1 ¿Qué harías si estuvieses en la misma situación que Nora? Rodea en la rueda.

2 ¿Qué pasaría si Nora eligiera otra solución de la rueda? Comenta con tus compañeros.

Taller Relájate

PASO 1

Siéntate y cierra los ojos.

PASO 2

Respira hondo y no pienses.

PASO 3

Ponte a cuatro patas y practica la postura del gato.

PASO 4

Túmbate boca abajo, levanta la cabeza y haz la cobra.

1 ¿Cómo nos sentimos después de practicar yoga? Rodea.

2 ¿En qué momento es mejor practicar yoga en el colegio? Habla con tu equipo para llegar a un acuerdo.

COMPRUEBO LO APRENDIDO

1 Encuentra a estas personas y rodea según el código.

- pelo liso y ojos rasgados
- con gafas y pelo rubio
- ojos verdes y con pecas

2 ¿Qué sobra? Tacha.

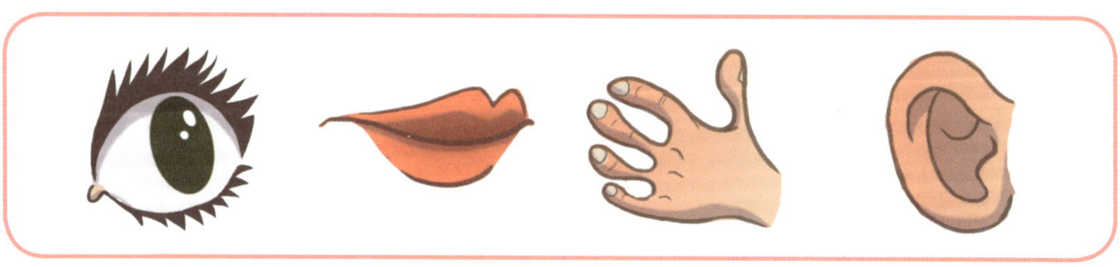

3 ¿Cómo se siente Nora? Dibuja ,  o .

Mi diario

4 ¿Cómo me siento cuando aprendo cosas nuevas sobre mí? Dibújate y explícalo a tus compañeros.

2 Así funciona mi cuerpo

1. ¿Dónde están Nora y sus amigos?

2. ¿Por qué Aitor coge aire?

3. ¿Qué deporte practicas? ¿Cuál te gustaría practicar?

5 ¿Por qué crees que es importante llevar gorro en la piscina?

4 ¿A quién avisan por megafonía? Rodea.

2

6 ¿Qué hacen los niños antes de entrar en el agua?

WWW NOS ACTIVAMOS

1 ¿Por qué Ismael no puede recoger las gafas?

COMPRENDEMOS

2 ¿Qué articulación dobla cada niño? Colorea las camisetas.

rodilla cintura codo

3 PREPARO LA TAREA. Saca las piezas del troquel y únelas con los encuadernadores.

4 ¿Qué parte del cuerpo dobla? Repasa.

codo   cintura   rodilla

G I 5 Imítalos con tu equipo y marca qué articulación mueven.

CUELLO			
MUÑECA			
TOBILLO			

Doblamos el cuerpo por las **articulaciones**.

APLICAMOS

6 ¿Qué pasaría si no tuviésemos articulaciones? Pruébalo.

2 Huesos y músculos

NOS ACTIVAMOS

1 ¿Qué le enseña la doctora a Nora?

WWW COMPRENDEMOS

2 ¿Qué le permite a Nora andar y estar de pie? Marca.

- [ ] PELO
- [ ] MÚSCULOS
- [ ] ESQUELETO
- [ ] OJOS

3 Repasa estos músculos.

4 ¿Dónde están estos huesos en el esqueleto? Une.

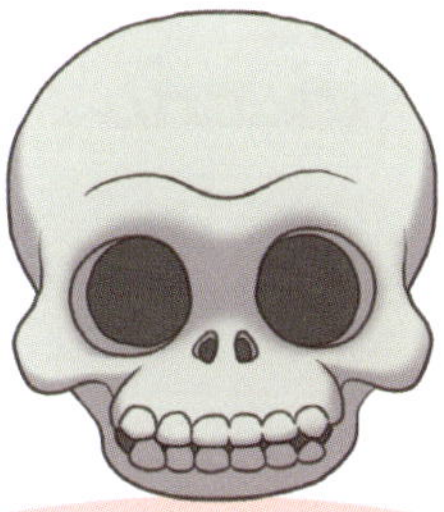

CRÁNEO

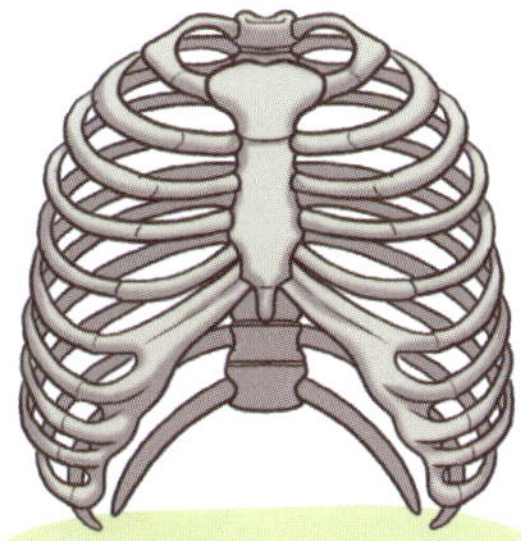

COSTILLAS

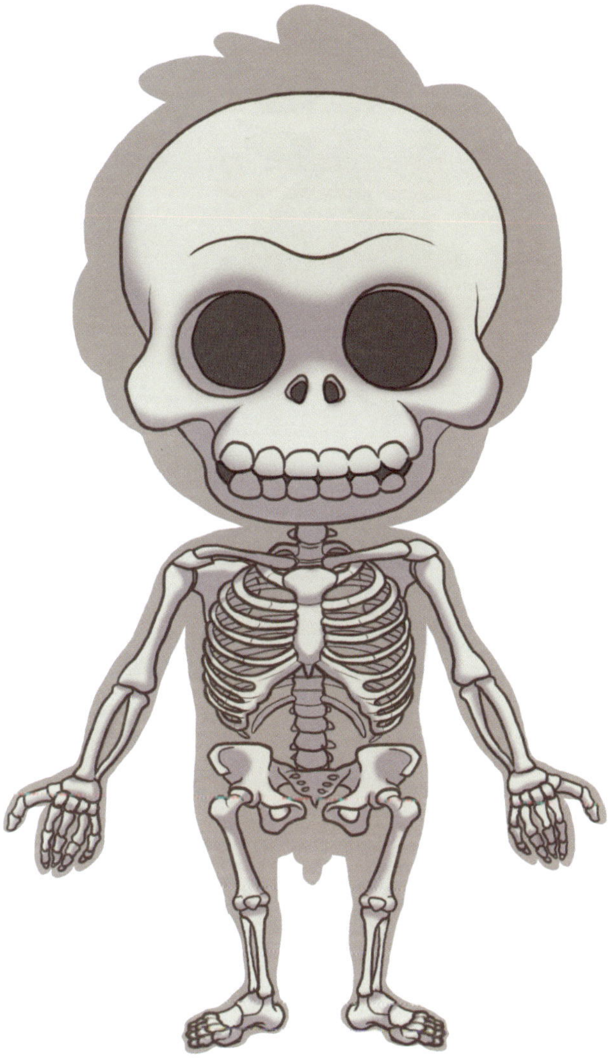

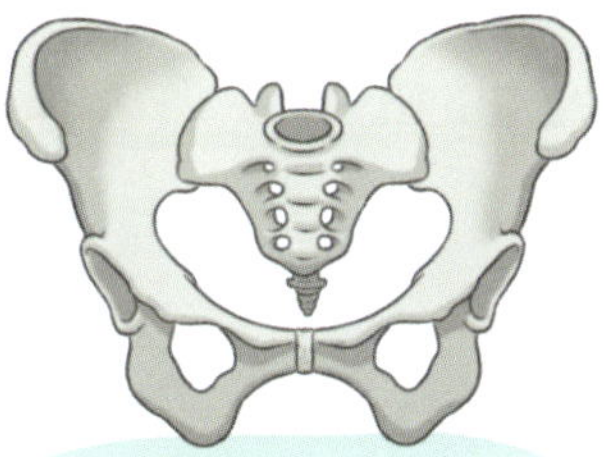

PELVIS

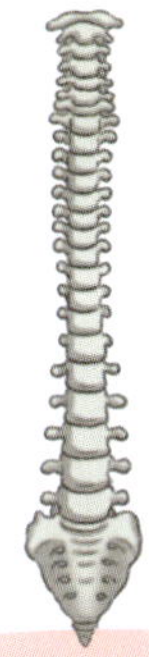

COLUMNA

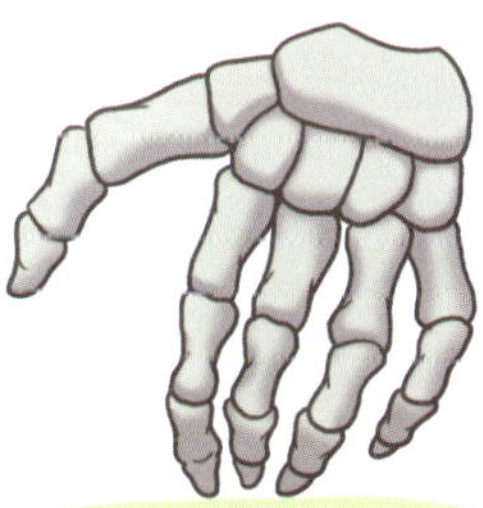

FALANGES

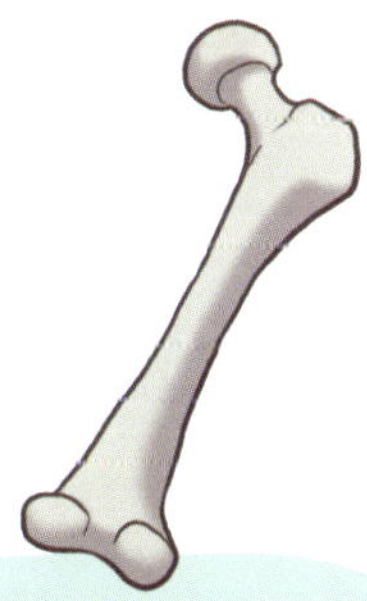

FÉMUR

Tenemos **huesos** y **músculos**.

APLICAMOS

5 ¿Tenemos huesos en la lengua?

3 Mi cuerpo por dentro

Taller

NOS ACTIVAMOS

1 Pon la mano en el pecho y cuenta los latidos. Después, salta varias veces y vuelve a contarlos. ¿Qué ha pasado?

www **COMPRENDEMOS**

2 ¿Dónde están estos órganos? Busca y rodea.

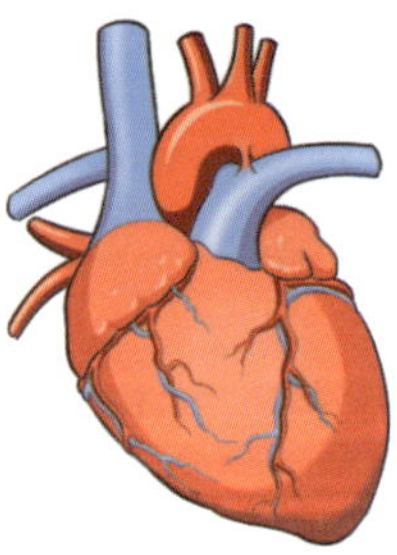

CORAZÓN

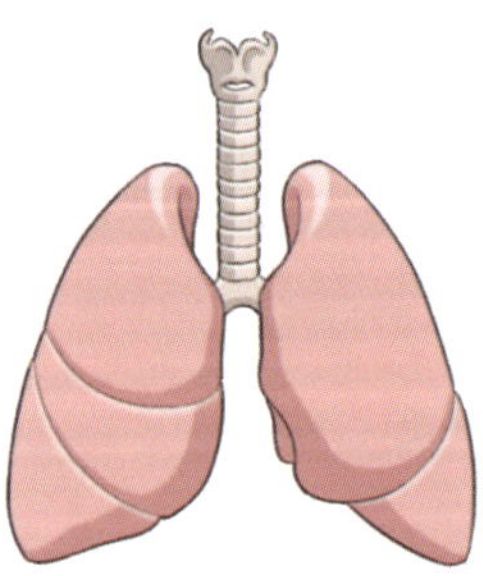

PULMONES

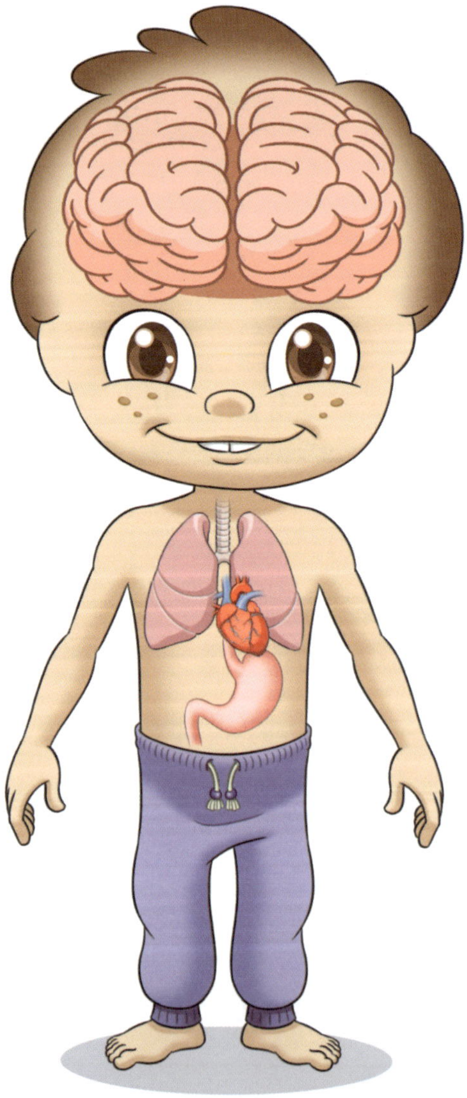

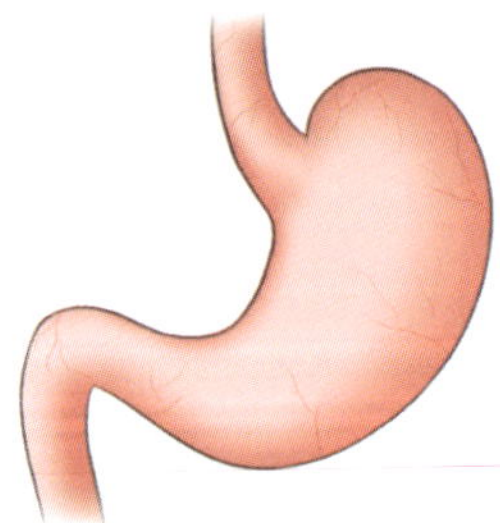

ESTÓMAGO

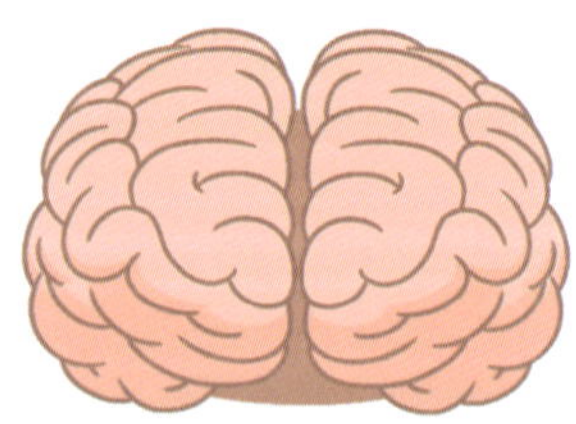

CEREBRO

3 ¿Qué órgano usa Nora? Une y compara con tus compañeros.

Los órganos internos cumplen una misión para que nuestro cuerpo funcione.

APLICAMOS

4 Marca las situaciones que hacen daño a los pulmones.

☐ 

☐ 

☐ 

☐ 

☐ 

1 ¿Cómo te lavas los dientes? Usa tu dedo a modo de cepillo.

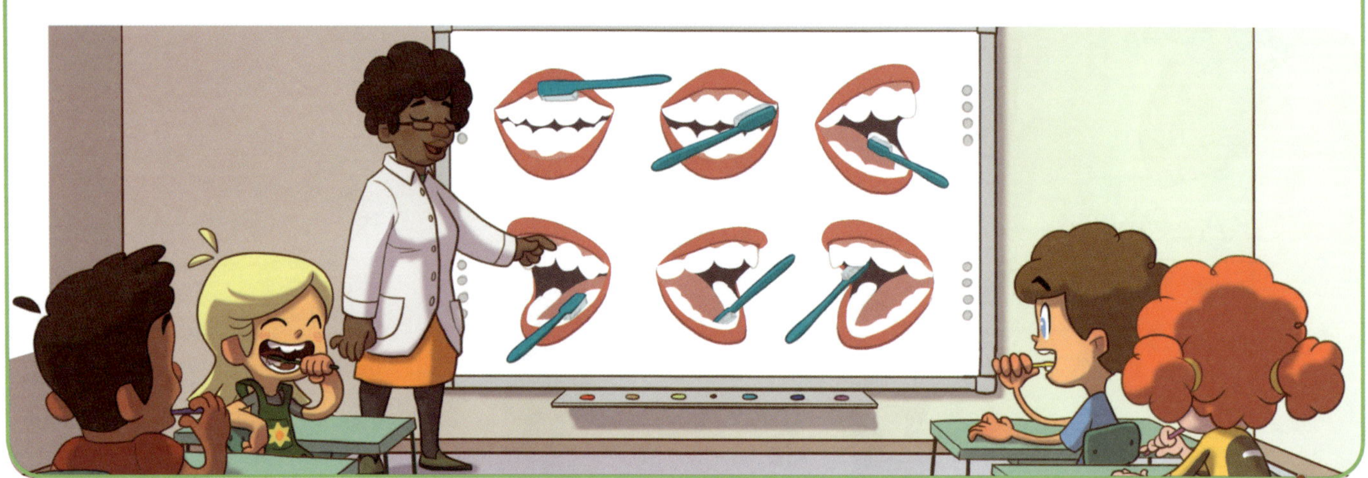

www COMPRENDEMOS

2 ¿Qué le ha pasado a Nora? Ordena del 1 al 3.

3 ¿Cómo te lavas las manos? Escribe.

aclarar enjabonar secar mojar

4 ¿Qué les pasará a Teo y a Lía? Colorea el camino correcto.

5 ¿Cómo proteges tu cuerpo en cada situación? Dibújate.

Debemos cuidarnos para estar sanos.

APLICAMOS

6 ¿Cuándo debes lavarte las manos a lo largo de día?

NOS ACTIVAMOS

1 ¿Dónde guardas los huevos? ¿En la nevera o en el armario?

WWW COMPRENDEMOS

2 Ordena del 1 al 4.

G I 3 ¿Cuándo debes tomar estas comidas? Rodea según el código.

4 ¿Cómo debemos practicar deporte? Escribe los números.

1 Ponte el equipo.

2 Calienta.

3 Entrena.

4 Estira.

5 Dúchate.

Debemos comer sano, beber mucha agua y hacer deporte para estar fuertes y sanos.

APLICAMOS

5 ¿Antes, durante o después de cada comida? Rodea.

- antes
- durante
- después

PIENSO Y ACTÚO

Me duele la tripa

1 ¿El yogur estaba caducado? Marca.

- [ ] Sí
- [ ] No

2 ¿Alguna vez te ha sentado mal un alimento? Cuéntalo.

Taller ¿Es fresco?

PASO 1

Mete un huevo en agua para saber si es fresco.

PASO 2

Si se hunde, es fresco.

PASO 3

Si flota, está caducado.

1 ¿Qué huevo flota en el agua antes de cocinarlo? Rodea.

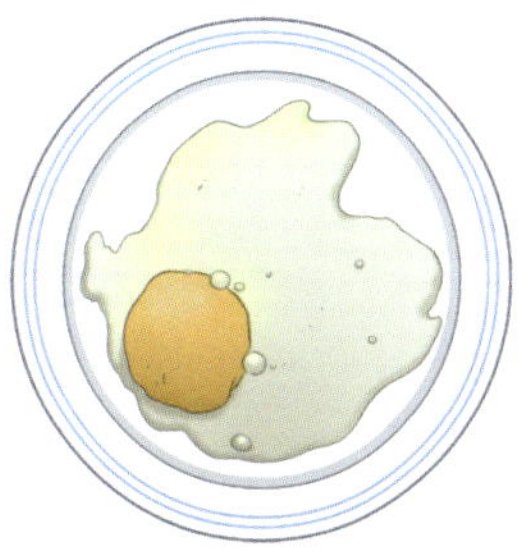

2 ¿Conoces otra forma de saber si un producto es fresco?

COMPRUEBO LO APRENDIDO

1 ¿Dónde están estos huesos? Escribe los números.

① cabeza ② tronco ③ extremidades

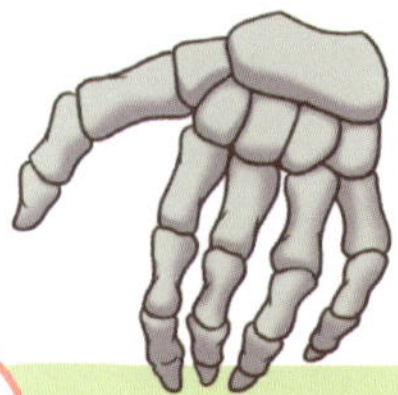
FALANGES

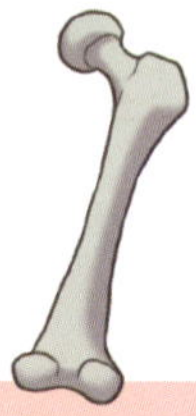
FÉMUR

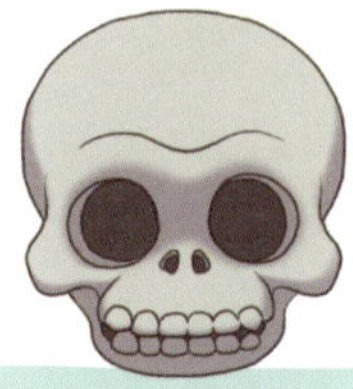
CRÁNEO

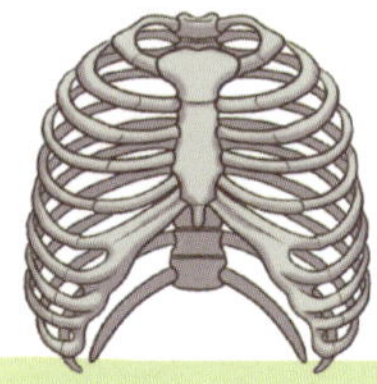
COSTILLAS

2 Rodea según el código.

estómago 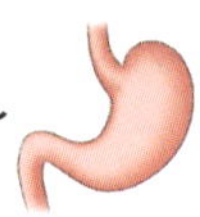 pulmones 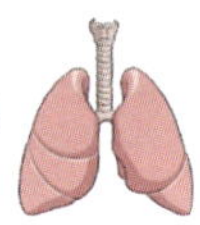 cerebro 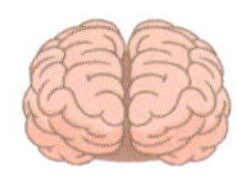

3 Pega  en los hábitos saludables.

4 ¿Qué niño cuida su cuerpo en cada caso? Marca.

5 PREPARO LA TAREA. Une las piezas del troquel con encuadernadores.

Mi diario

6 ¿Qué te gustaría contar a tu familia de lo que has aprendido en el colegio? Dibuja y comenta.

MEJORA TU CUERPO

Nora ha hecho un muñeco con sus rasgos.
Y a ti, ¿cómo te ha quedado el tuyo?

ASÍ SOY POR FUERA

PASO 1 Enseña tu muñeco a tus compañeros y pregunta: ¿Se parece a mí?

PASO 2 Completa tu muñeco. Puedes usar lana y plastilina.

DALE LA VUELTA: ASÍ SOY POR DENTRO

PASO 1 Señala y nombra los órganos en tu muñeco.

PASO 2 Hincha un globo rojo y pégalo en el corazón.

TAREA
FINAL

PASO 3 Haz un churro largo con plastilina blanca.

PASO 4 Coloca el churro para formar el cerebro.

PASO 5 Pega esponjas y forma los pulmones.

PASO 6 Coloca la pegatina del estómago.

Mi diario

1 ¿Qué paso te ha gustado más de la tarea? Pega .

2 Cuenta una cosa que haya sucedido en tu equipo y que te haya hecho sentir bien.

EL GRAN JUEGO DE NORA

Juega y descubre cuánto sabes del cuerpo.

1 Colorea según el código.

- cabeza
- tronco
- extremidades

5 Dibuja un niño con pelo liso y rubio y ojos marrones.

4 ¿Qué hueso protege el cerebro? Rodea.

cráneo

fémur

pelvis

2 Marca.

CABEZA		TRONCO	
	☐ boca ☐ pelo ☐ mano		☐ barriga ☐ pierna ☐ espalda

3 ¿Qué articulación doblan? Une.

codo

rodilla

6 ¿Sobre qué músculo nos sentamos? Colorea.

glúteo

gemelo

pectoral

El ser humano y la salud

Los seres vivos

Unidad 3 Con los 5 sentidos

Unidad 4 ¡Cuántos seres vivos!

1 Los seres vivos

2 ¿Cómo son las plantas?

3 ¿Cómo son los animales?

4 Nacen y comen

1 Los sentidos

2 Veo

3 Toco

4 Huelo, saboreo y oigo

Pienso y actúo

Monta 5 tarjetas de los sentidos.

5 ¿Dónde viven los seres vivos?

Busca imágenes de plantas y animales.

6 ¿Quién come a quién?

Pienso y actúo

TAREA FINAL

Mejora tu mente

¡Juega sin parar y un mundo de seres vivos descubrirás!

3

Con los 5 sentidos

1 ¿Dónde está la pandilla?

2 ¿Qué huele Ismael? ¿Qué asusta a Aitor? 3

3 ¿Te gusta ir al campo? ¿Con quién sueles ir?

4 Localiza las 5 diferencias que hay en estas 2 imágenes.

Taller

NOS ACTIVAMOS

1 ¿Qué círculo naranja es más grande? Compruébalo.

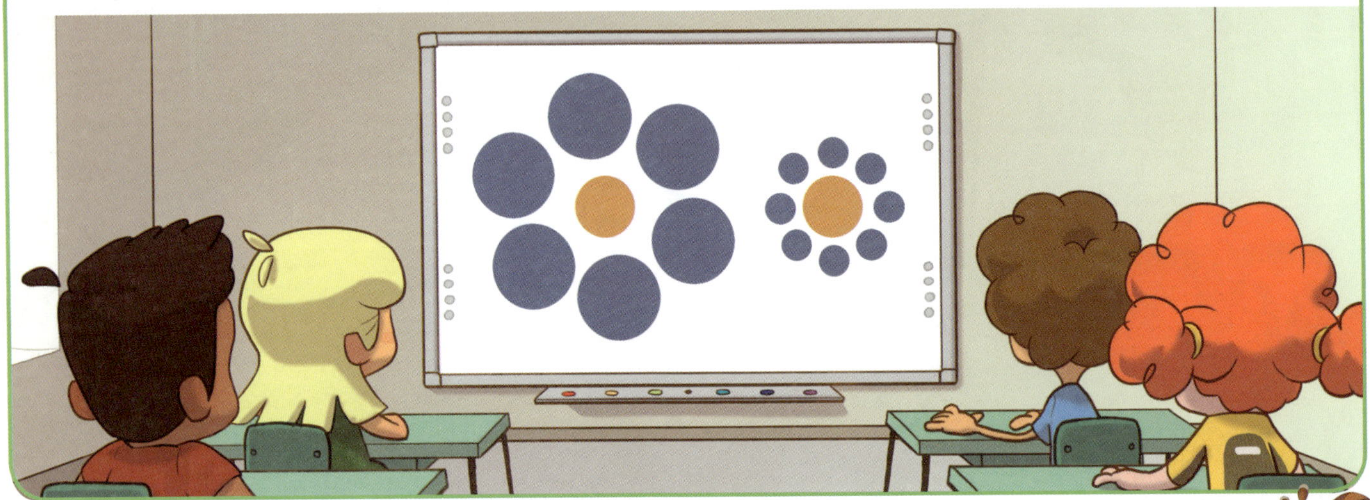

www COMPRENDEMOS

2 ¿Qué podemos sentir? Observa y repasa.

3 Une los niños con el sentido y el órgano que usan.

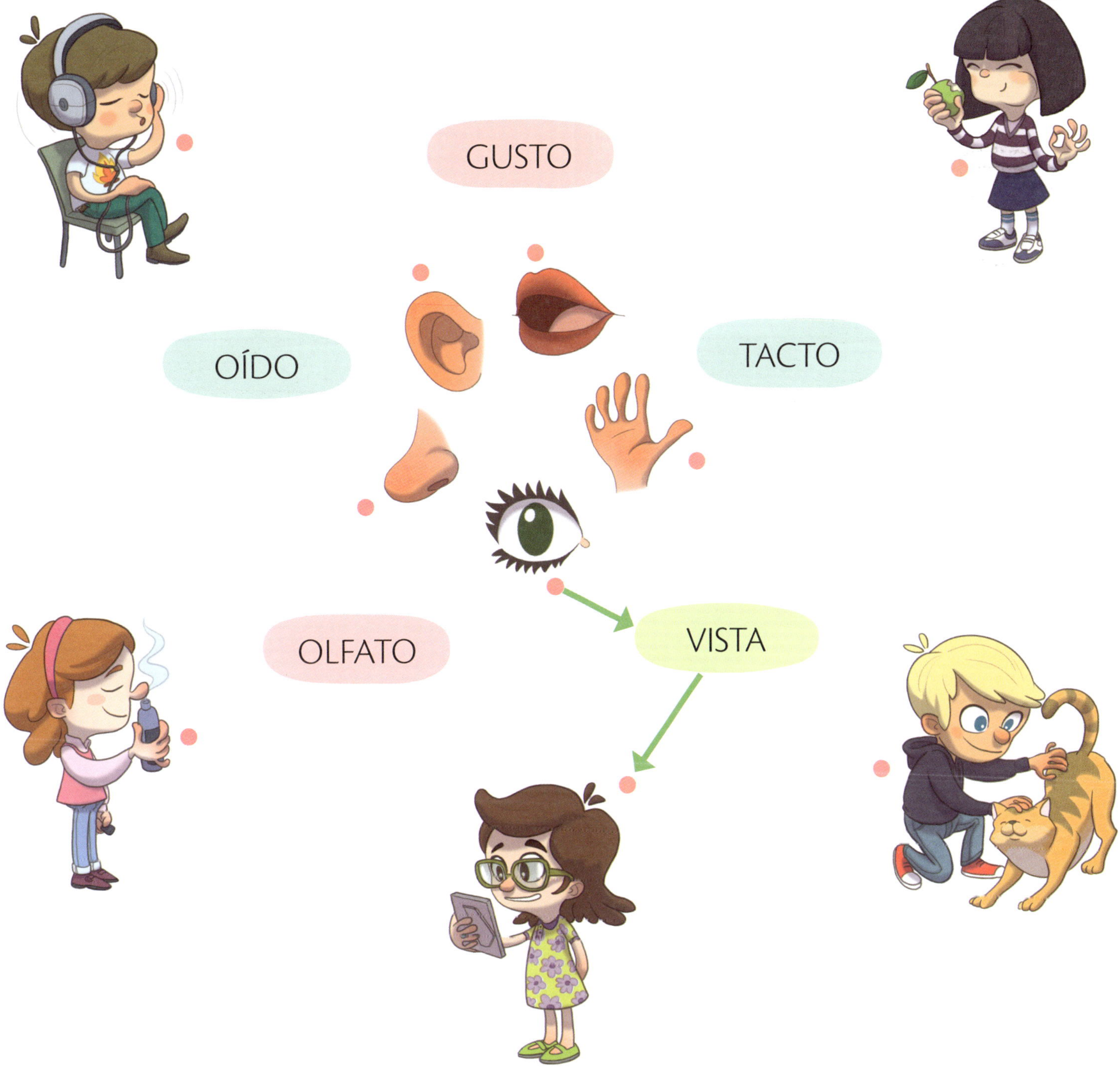

Tenemos 5 sentidos: vista, olfato, oído, gusto y tacto.

APLICAMOS

4 Si Carlos no puede oír, ¿cómo puede responder a Nora?

Taller

NOS ACTIVAMOS

1 Cierra un ojo e intenta tapar el rotulador. ¿Qué ocurre?

www COMPRENDEMOS

2 ¡Veo-veo! Ayuda a Nora y rodea la respuesta.

G I 3 Habla con tu compañero y une.

LEJOS

DEBAJO

CERCA

ENCIMA

Vemos colores, formas y tamaños con los ojos.

APLICAMOS

4 ¿Cómo es el globo de los niños? Dibújalo en cada caso.

Taller

www NOS ACTIVAMOS

1 Nora debe sacar un objeto suave y alargado. Rodéalo.

COMPRENDEMOS

2 ¿Qué pistas darías a Nora para que saque el otro objeto de la casa? Colorea.

CUADRADO · CALIENTE · BLANDO · ROJO

ÁSPERO · REDONDO · DURO

3 Sigue con tu dedo el contorno de estas figuras y repasa.

círculo

cuadrado

triángulo

rectángulo

4 ¿Qué siente Nora? Relaciona.

CALOR

DOLOR

FRÍO

TEXTURA

5 ¿Qué texturas puedes reconocer a través del tacto? Rodea.

suave áspero duro blando

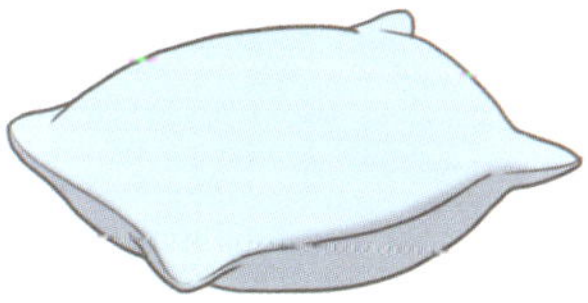

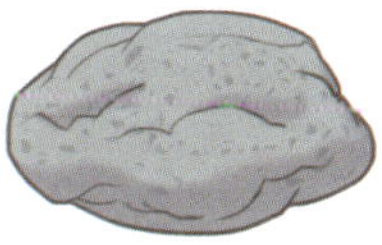

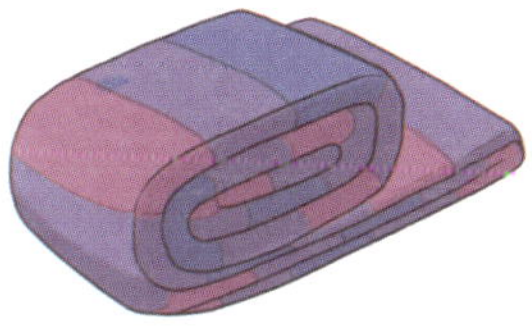

Reconocemos las formas, la temperatura, las texturas y sentimos el dolor a través de la piel.

APLICAMOS

6 Rubén no puede ver.
¿Cómo crees que puede leer?

Taller

NOS ACTIVAMOS

1 ¿Por qué cambia su respuesta? Habla con tu compañero.

www COMPRENDEMOS

2 ¿Qué sentido y qué órgano usan en cada caso? Une.

olfato | gusto | oído

oído | nariz | boca

Olemos con la **nariz**, saboreamos con la **boca** y oímos con los **oídos**.

APLICAMOS

3 Escribe D si es dulce y S si es salado.

4 ¿Cómo huelen? Escribe los números donde corresponda.

1 olor agradable 2 olor desagradable

5 Rodea de ◯ los sonidos agradables y de ◯ los ruidos.

PIENSO Y ACTÚO

¿Veo lo que hay?

1 ¿Qué ves tú en el cuadro que mira Nora? Rodea.

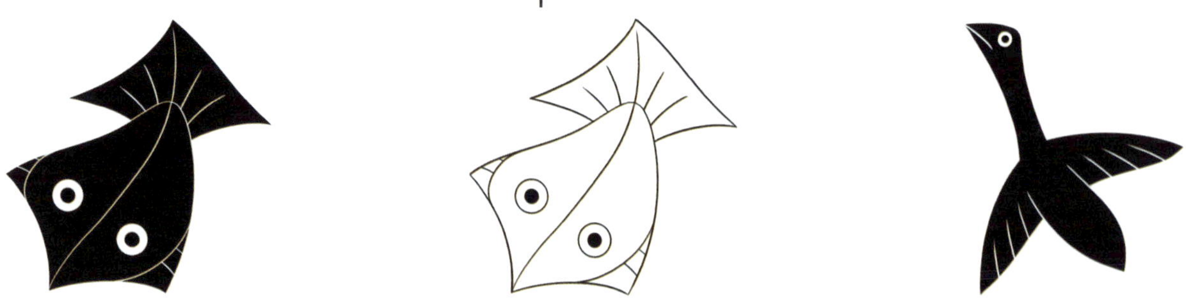

G I 2 ¿Se mueve el cuadro que mira Irene? Habla con tu equipo.

Taller Creo una ilusión

Colorea la lluvia y el paraguas.

Pega los dibujos.

Ata una goma a cada lado.

¡Sorpresa! ¡Llueve!

1 Rodea de ◯ lo que ve Aitor y de ◯ lo que dibujó Nora.

2 ¿Alguna vez creíste ver algo que después no fue real? ¿Qué fue?

COMPRUEBO LO APRENDIDO

1 ¿Qué sensaciones siente cada uno? Rodea.

salado   dulce

áspero   suave

ruido

sonido agradable

olor desagradable   olor agradable

color azul   forma cuadrada

2 Observa y completa.

Con mi piel siento frío y

3 ¿Con qué órgano lo percibes? Pega.

dolor picante duro morado

4 PREPARO LA TAREA. Monta 5 tarjetas, en cada una escribe el nombre de un sentido y dibuja su órgano.

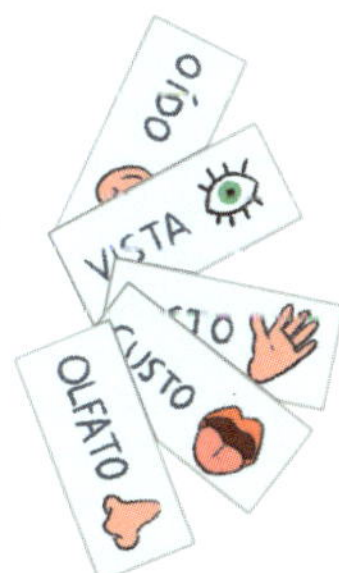

Mi diario

5 ¿Cómo me siento cuando trabajamos varios compañeros juntos? Rodea y explícaselo a tus compañeros.

4

¡Cuántos seres vivos!

1. ¿Dónde está Nora? ¿Qué está haciendo?

2. ¿Qué árbol te gusta más? ¿Por qué?

3. ¿Qué es? ¿Qué no es? Está en el jardín y también en tus pies.

4 ¿Para qué sirven las tuberías que mira Aitor? 4

5 ¿Por qué no hay cerezas en el árbol que mira Nora?

6 Rodea los animales que encuentres en la imagen.

NOS ACTIVAMOS

1 ¿Quién saltará a por la pelota?

WWW COMPRENDEMOS

2 ¿Qué tenemos en común los seres vivos? Escribe.

nacen | crecen | se reproducen | mueren

3 ¿Qué necesitamos los seres vivos para poder vivir? Une.

aire · alimento · agua

Todos los seres vivos **nacen**, **crecen**, se **reproducen** y **mueren**.

APLICAMOS

4 Colorea según el código.

Son seres vivos (verde) · No son seres vivos (rojo)

NOS ACTIVAMOS

1 ¿Qué parte de la planta se transforma en fruto?

www COMPRENDEMOS

2 ¿Cuáles son las partes de las plantas? Relaciona.

FLORES

RAÍZ

FRUTOS

TALLO

HOJAS

3 ¿Qué necesitan las plantas para vivir? Marca.

- [ ] agua
- [ ] luz del Sol
- [ ] pilas

- [ ] alimento
- [ ] gasolina
- [ ] aire

4 Ordena del 1 al 5.

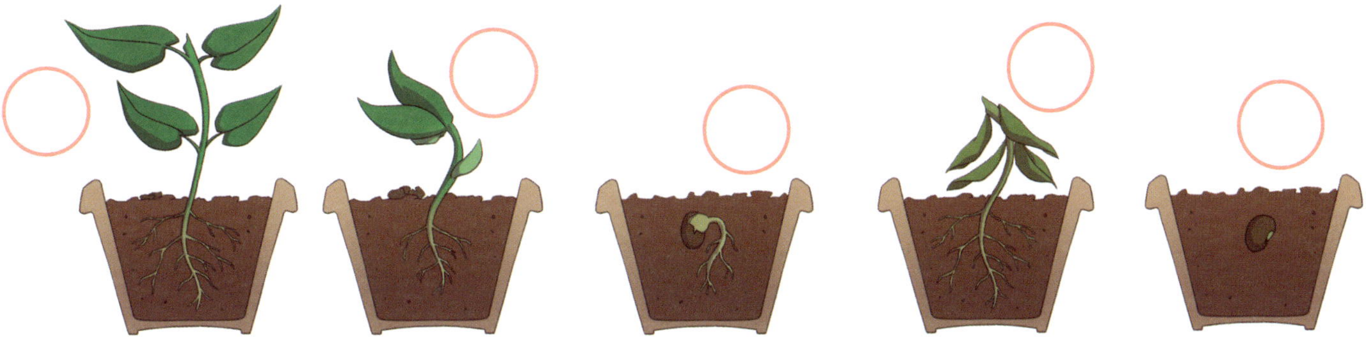

5 Escribe la palabra correcta en cada caso.

árbol arbusto hierba

El __________ es más pequeño que el __________ pero más grande que la __________.

Todas las plantas tienen **raíz**, **tallo** y **hojas**.

APLICAMOS

6 ¿Qué parte de la planta nos comemos en cada caso? Rodea.

raíz tallo hojas

NOS ACTIVAMOS

1 ¿Cómo cambian las procesionarias al transformarse en polillas?

WWW COMPRENDEMOS

2 Une.

patas

alas

aletas

sin patas

nada

repta

camina

vuela

3 ¿Dónde viven estos animales? Colorea.

agua | tierra

agua | tierra

agua | tierra

4 ¿De qué tienen cubierto el cuerpo? Rodea.

pelo plumas escamas piel desnuda

Los animales pueden tener extremidades en forma de patas, aletas o alas.

APLICAMOS

5 ¿Juegas? Dibuja un animal. Después, intenta que tus compañeros adivinen cuál es a través de tus gestos.

NOS ACTIVAMOS

1 ¿Todos los animales nacen de huevos? ¿Cómo naciste tú?

WWW COMPRENDEMOS

2 ¿Cómo nacen el cisne y el cordero? Observa y completa.

cisne | ovíparo | huevo

- El ______ nace de un ______.

Es un animal ______.

vivíparo | cordero | barriga

- El ______ nace de la ______ de su mamá. Es un animal ______.

3 Marca las opciones correctas en cada caso.

HERBÍVORO

☐ solo plantas
☐ solo carne

CARNÍVORO

☐ solo plantas
☐ solo carne

OMNÍVORO

☐ solo plantas
☐ carne y plantas

4 Adivina adivinanza. Escribe los números.

◯ Como carne y pescado, pero también la pera que cae del árbol.

◯ En la hierba solo me verás si carne a mi boca quiero llevar.

1

2

Los animales pueden ser **ovíparos** o **vivíparos**, y también **herbívoros**, **carnívoros** u **omnívoros**.

APLICAMOS

5 Pega cada animal en su ficha.

ovíparo
carnívoro

vivíparo
herbívoro

NOS ACTIVAMOS

1 ¿Por qué están escondidos si los ciervos no son peligrosos?

www COMPRENDEMOS

2 ¿Domésticos o salvajes? Escribe.

gato

vaca

libélula

perro

foca

salvajes →

domésticos →

3 Rodea en cada caso la palabra correcta.

- Las personas cuidamos en casa las plantas cultivadas / silvestres.
- Las personas no cuidamos en casa las plantas cultivadas / silvestres.

4 Localiza con tu equipo dónde viven y escribe sus nombres.

En cada lugar viven animales y plantas diferentes.

APLICAMOS

5 ¿Qué otros seres vivos ves en las imágenes? Comenta.

6 ¿Quién come a quién?

NOS ACTIVAMOS

1 El camaleón come moscas. Pero ¿quién crees que se come al camaleón?

WWW COMPRENDEMOS

2 ¿De qué se alimentan estos animales? Escribe.

- El conejo come ______.
- El zorro se come ______.
- La jirafa come ______.
- El león se come ______.

3 ¿Quién se alimenta de quién? Ordena de 1 al 4 cada caso.

Todos los **seres vivos** son importantes en la naturaleza porque dependen unos de otros.

APLICAMOS

4 ¿Qué crees que pasaría si desaparecieran los pastos?

PIENSO Y ACTÚO

Animales en peligro

1 ¿Conoces animales en peligro de extinción? Di a tus compañeros cuáles son.

2 ¿Qué podemos hacer para evitar esta situación? Habla con tu equipo para escribir vuestras ideas.

Taller Ayudo a salvar al oso polar

PASO 1

Prepara una campaña para ayudar al oso polar.

PASO 2

En un plato dibuja los ojos y el hocico del oso.

PASO 3

Pega las orejas y prepara la nariz con algodón y papel de seda. Haz 2 agujeros y ata una goma. ¡Ya tienes la careta!

PASO 4

¡Organiza una marcha para ayudar a los osos polares!

1 Prepara con tu equipo una campaña para ayudar a otro animal en peligro de extinción.

COMPRUEBO LO APRENDIDO

1 Observa y escribe.

Seres vivos	Seres no vivos

2 ¿Qué necesitan las plantas para vivir? Marca.

- ☐ chocolate
- ☐ refrescos
- ☐ agua
- ☐ luz del sol
- ☐ aire
- ☐ gasolina

3 PREPARO LA TAREA. Busca imágenes de plantas y animales.

4 ¿Cómo son estos animales? Une.

ovíparo vivíparo

herbívoro carnívoro omnívoro

5 Completa el crucigrama.

① Repta y tiene escamas.

② Es ovíparo y tiene alas.

③ Tiene pelo y es herbívoro.

④ Es carnívoro y vivíparo.

Mi diario

6 ¿Qué es lo que más me ha gustado aprender de los seres vivos? Comenta con tus compañeros.

MEJORA TU MENTE

Vamos a poner a prueba nuestros sentidos con un divertido juego de adivinanzas.

PREPARO EL JUEGO

PASO 1 Reúne las imágenes de animales y plantas de la unidad 4.

PASO 2 Pega cada una en un trozo de cartulina y escribe su nombre.

PASO 3 Entrega las fichas a tu profesor cuando hayas terminado.

PASO 4 Prepara las tarjetas de los sentidos que hiciste en la unidad 3.

TAREA FINAL

¿DE QUÉ SER VIVO SE TRATA?

PASO 1 El profesor reparte las fichas a cada equipo y las pone bocabajo.

PASO 2 Por turnos, uno adivina y el resto elige una ficha del montón.

PASO 3 Quien adivina enseña una tarjeta de los sentidos para pedir pistas. Los demás dicen características de la planta o el animal relacionadas con ese sentido.

Mi diario

1 ¿Te ha resultado más fácil hacer mímica o adivinar?

2 ¿Qué te ha gustado más de la tarea? Pega  .

EL GRAN JUEGO DE NORA

Juega y descubre cuánto sabes de los sentidos y los seres vivos.

1 ¿Qué sentido utilizas cuando escuchas música? Colorea.

vista · gusto · olfato · oído · tacto

4 Escribe las partes de la planta.

5 ¿Qué animal es? Rodea.

Alas, antenas y patas me verás, pero huesos en mí no encontrarás.

www

2 ¿Qué sientes con la piel? Une.

caliente | duro | suave | frío

3 Tacha la palabra intrusa en cada caso.

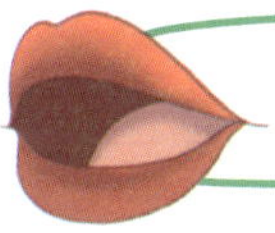
salado picante ruidoso

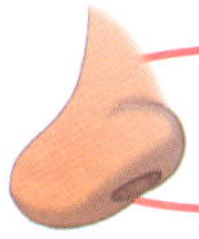
agradable azul desagradable

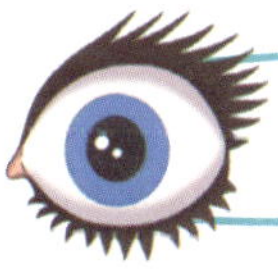
dulce rojo cerca

Colorea de verde las preguntas que has acertado. ¿Cuántas son?

6 ¿Dónde puedes encontrar estos animales? Marca.

- [ ] bosque
- [ ] desierto
- [ ] sabana
- [ ] selva

Materia y energía. Máquinas

¿Con qué están fabricados los objetos? ¿Para qué sirven las máquinas? ¿Construimos una?

Unidad 5 Materiales por todas partes

Reúne una caja, un tubo de papel y un envase.

Pienso y actúo

Unidad 6 ¡A toda máquina!

1 Las máquinas

2 El uso de las máquinas

3 ¡Cuántos inventos!

1 Los materiales

2 Los materiales cambian

3 La energía nos rodea

4 Ahorramos materiales y energía

4 El ordenador

Pienso y actúo

Elige una máquina y dibújala.

TAREA FINAL

Mejora tu creatividad

Construirás una máquina que usarás en el mercadillo del futuro.

5

Materiales por todas partes

1

¿Dónde está Nora?
¿Con quién se ha encontrado?

2

¿Qué puesto te gusta más? Descríbelo para que tu compañero lo adivine.

3

Rodea de ◯ a la persona que trabaja la madera, y de ◯ a la que trabaja el hierro.

www

4 ¿Qué idea ha tenido Ismael? 5

5 ¿Ves algo en la imagen relacionado con la energía? Dilo en voz alta.

6 ¿Qué más te gustaría saber sobre los materiales y la energía?

1 Los materiales

NOS ACTIVAMOS

1 Lee la etiqueta de una de tus prendas. ¿Cuántos materiales se han usado para fabricarla?

www COMPRENDEMOS

2 Rodea de ◯ si es de origen animal, de ◯ si es vegetal y de ◯ si es mineral.

madera

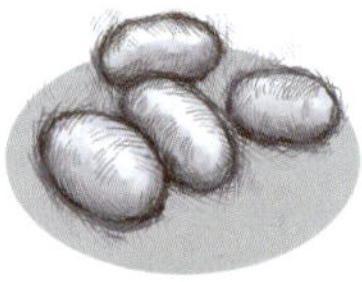

algodón

carbón

lana

petróleo

3 ¿Cómo son estos materiales? Habla con tu equipo y marca.

plastilina

- ☐ áspero
- ☐ suave
- ☐ duro

goma

- ☐ flexible
- ☐ frágil
- ☐ rojo

vidrio

- ☐ transparente
- ☐ flexible
- ☐ frágil

4 Escribe T si es transparente y N si es translúcido.

5 Escribe V si es verdadero y F si es falso.

- ☐ La canica flota.
- ☐ La canica no flota.
- ☐ El corcho no flota.
- ☐ El corcho flota.

- ☐ El imán atrae el hierro.
- ☐ El imán no atrae el hierro.
- ☐ El imán atrae la madera.
- ☐ El imán no atrae la madera.

6 ¿Con qué material están fabricados estos materiales? Rodea.

madera plástico hierro

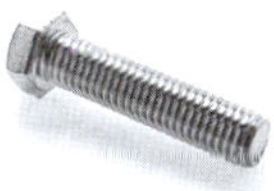

Usamos los materiales para fabricar objetos según sus propiedades.

APLICAMOS

7 Adivina adivinanza… Del árbol vengo, madera no soy. Si blanco me quieres, tu lienzo soy. Y si tu boca quieres limpiar en una servilleta me puedes encontrar. ¿Quién soy?

2 Los materiales cambian

NOS ACTIVAMOS

1 ¿Qué ha pasado?

www COMPRENDEMOS

2 Observa y completa.

El hielo se transforma en ______________

y después en ______________ cuando aumenta el calor.

3 ¿Qué ocurre? Rodea la opción correcta.

1 Los juguetes han cambiado de color por | el sol. | la lluvia.

2 A Nora le hacen daño las sandalias por | el calor. | el frío.

4 ¿Qué ha pasado en cada caso? Pega y completa.

agua | seca | sol | bicicleta

 → → 

- La ropa mojada se ____ por el calor del ____.

 → → 

- La ____ se oxida por el ____ y el aire.

Los materiales cambian de **tamaño**, **color** y **estado** por el efecto del calor. Otros objetos se oxidan por el agua y el aire.

5 Observa las escenas y marca los cambios que se han producido.

3 La energía nos rodea

NOS ACTIVAMOS

1 ¿Por qué no funciona el ordenador?

www COMPRENDEMOS

2 ¿Cómo se manifiesta la energía? Rodea la palabra correcta en cada caso.

La guitarra emite energía en forma de sonido / luz.

La taza desprende energía en forma de calor / movimiento.

Nora manifiesta energía en forma de luz / movimiento cuando corre.

La bombilla emite energía en forma de luz / sonido al encender la lámpara.

3 ¿Cómo se manifiesta la energía en una casa? Escribe.

luz | calor | movimiento | sonido

La energía puede manifestarse en forma de luz, calor, sonido y movimiento.

APLICAMOS

4 ¿Qué tipo de energía transmite el Sol? Colorea.

movimiento | luz | sonido | calor

4 Ahorramos materiales y energía

NOS ACTIVAMOS

1 ¿De dónde obtiene la energía cada robot? ¿Cuál te parece mejor?

www **COMPRENDEMOS**

2 ¿Dónde se deben tirar estos objetos para **reciclar**los? Escribe.

caja

botella

periódico

lata

tarro

envase

RECICLAR

3 Marca la opción correcta para **reducir** el consumo de materiales.

4 Observa cómo se han reutilizado las ruedas. ¿Cómo las reutilizarías tú? Dibuja.

5 ¿En qué situaciones se hace un buen uso de la energía? ¿Y malo? Pega o .

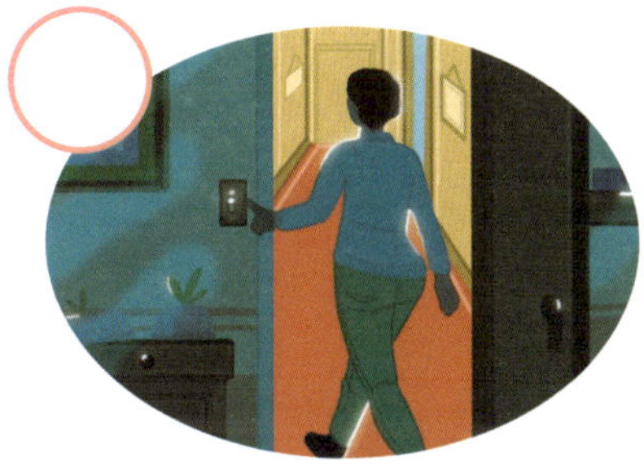

Tenemos que usar los materiales y la energía con responsabilidad.

APLICAMOS

6 ¿Qué haces tú para ahorrar energía? habla con tu equipo y escribe.

PIENSO Y ACTÚO

Ahorramos energía

1. ¿Alguna vez te han dicho que ahorres energía? Explica quién fue y por qué.

2. Piensa y dibuja una idea para ahorrar energía en tu casa.

Taller Construye un coche ecológico

PASO 1

Atraviesa un rollo de papel con 2 palillos de madera.

PASO 2

Pega 4 tapones en los extremos de los palillos.

PASO 3

Mete la pajita en el globo y sujétalo con una goma elástica.

PASO 4

Pega la pajita con el globo en el coche.

PASO 5

Infla el globo y tapa la pajita.

PASO 6

Deja el coche en el suelo y destapa la pajita. ¡A correr!

1 Colorea el tipo de energía que utiliza el coche de Nora.

gasolina | aire | carbón | electricidad

2 ¿Qué transporte crees que es más ecológico? Comenta con tus compañeros.

COMPRUEBO LO APRENDIDO

1 Completa.

Obtenemos energía del

2 Dibuja un objeto que te guste y marca sus características. Después completa.

- ☐ frágil
- ☐ duro
- ☐ flexible
- ☐ transparente
- ☐ suave
- ☐ moldeable

- Mi objeto es ______________.

3 ¿Qué objeto es? Escribe las palabras **exprimidor** y **armario** donde corresponda.

- El ______________ es de madera y no necesita energía para funcionar.
- El ______________ es de plástico y necesita energía para funcionar.

4 ¿Qué se debe tirar en cada contenedor? Pega.

5 **PREPARO LA TAREA.** Reúne con tu equipo este material: una caja, un rollo de papel de cocina y un envase de plástico.

Mi diario

6 ¿Qué materiales no uso ya? ¿Qué podría construir con ellos? Lo dibujo.

6
¡A toda máquina!

1. ¿Dónde está Nora? ¿Con qué juega? ¿Cómo funciona?

2. Rodea las máquinas que necesitan enchufarse.

3. Piensa en una máquina y explica cómo es sin decir su nombre. ¡A ver si tus compañeros adivinan cuál es!

4 ¿Por qué se asusta Nora? ¿Qué podía haber pasado?

5 ¿Qué máquina de la imagen te parece más importante? ¿Por qué?

6 ¿Qué te gustaría saber de las máquinas?

NOS ACTIVAMOS

1 ¿Cómo funciona la máquina de la madre de Nora? ¿Y la que usa Nora?

www COMPRENDEMOS

2 ¿Qué necesitan estas máquinas para funcionar? Rodea.

electricidad pilas fuerza manual gasolina

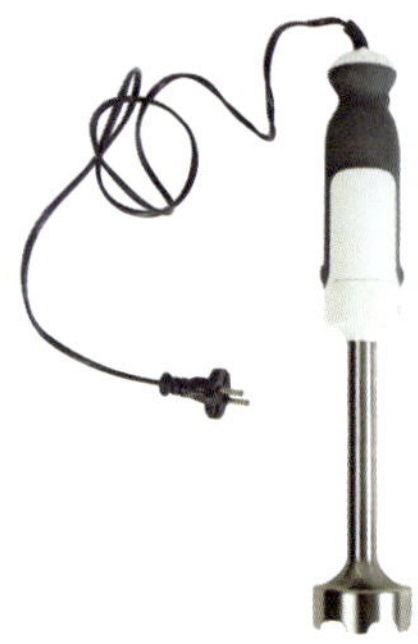

G I 3 ¿Cuántas piezas se han utilizado para fabricar estas máquinas? Comenta y escribe.

martillo

televisor

moto

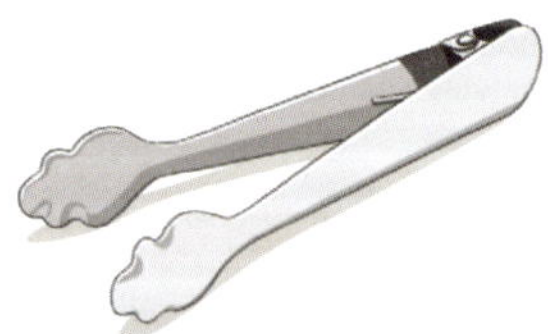
pinzas

Máquinas con muchas piezas → ______

Máquinas con pocas piezas → ______

4 ¿Qué máquina utilizarías en cada caso? Escribe.

teléfono | frigorífico | sacapuntas | rastrillo

- Utilizo el ______ para hacer punta al lápiz.
- Uso un ______ cuando tengo que barrer las hojas del jardín.
- Utilizo el ______ si quiero hablar con personas que están lejos.
- Hay que guardar los alimentos en el ______ para mantenerlos frescos.

Las **máquinas sencillas** están formadas por pocas piezas, y las **máquinas complejas**, por muchas. Algunas necesitan la **fuerza de las personas** para funcionar, y otras lo hacen con **pilas**, con **electricidad** o con **gasolina**.

APLICAMOS

5 Estas máquinas han perdido algunas piezas. Dibuja la parte que les falta.

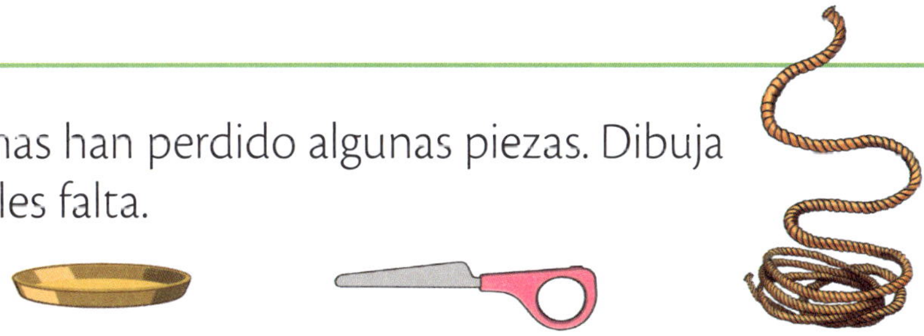

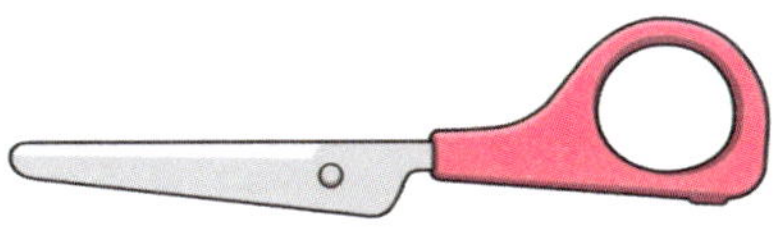

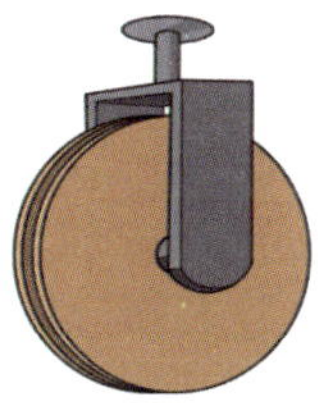

2 El uso de las máquinas

NOS ACTIVAMOS

1 ¿Qué se ha puesto el obrero para proteger su cuerpo?

www COMPRENDEMOS

2 Escribe cada máquina donde corresponda.

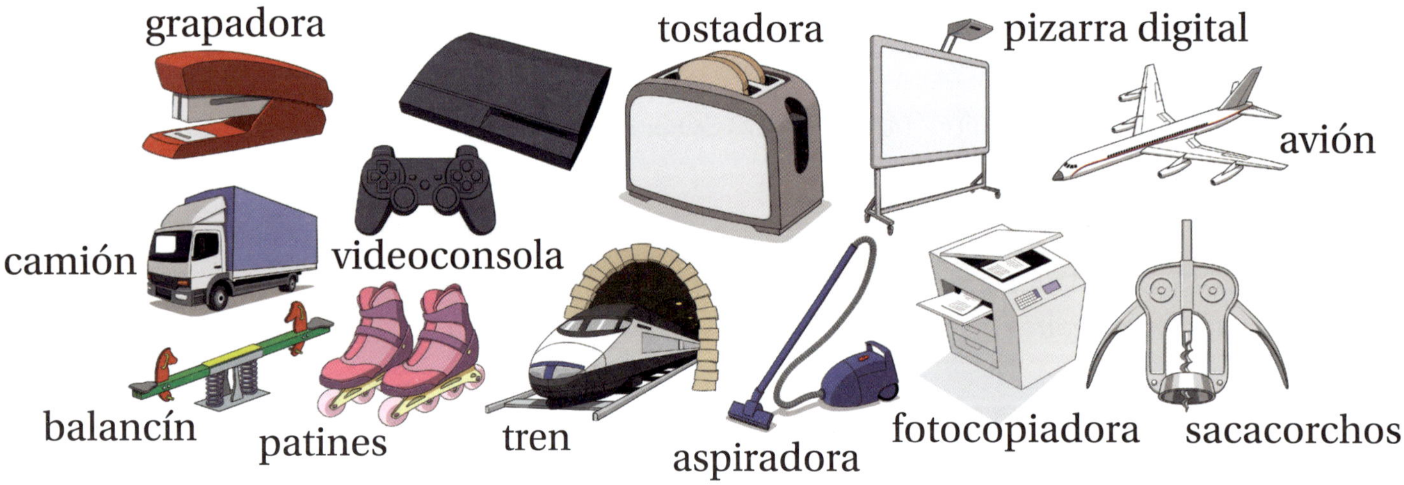

ocio

transporte

casa

colegio

3 ¿Qué máquinas necesita cada profesional para realizar su trabajo? Colorea.

carpintero albañil bombero fontanero

4 Observa y escribe V si es verdadero y F si es falso.

- ☐ El enfermero necesita casco y guantes para cuidar a los enfermos.
- ☐ El soldador utiliza careta y guantes para no quemarse.
- ☐ La operaria usa casco, orejeras, guantes y gafas para asfaltar las carreteras.

Todos los profesionales utilizan máquinas. Hay que tener en cuenta una serie de **precauciones** para usarlas de forma segura.

APLICAMOS

G I 5 ¿Qué precauciones debe tener Nora para usar el secador de forma segura? Habla con tu equipo y escribe.

NOS ACTIVAMOS

1 Todos han llevado a clase sus juguetes favoritos. ¿Qué diferencias ves?

www COMPRENDEMOS

2 Escribe antes o ahora donde corresponda.

3 Une y descubre cómo han evolucionado estos inventos.

4 ¿Qué inventos han mejorado la vida de estas personas en cada caso? Escribe.

Las máquinas se han perfeccionado con los años y también se han inventado otras nuevas.

APLICAMOS

5 Imagina que dentro de 10 años puedes ir de vacaciones a Marte. ¿Cómo crees que será la nave?

NOS ACTIVAMOS

1 ¿Para qué usas tú el ordenador? Marca.

www COMPRENDEMOS

2 Copia y completa las partes del ordenador.

pantalla teclado impresora cámara ratón torre

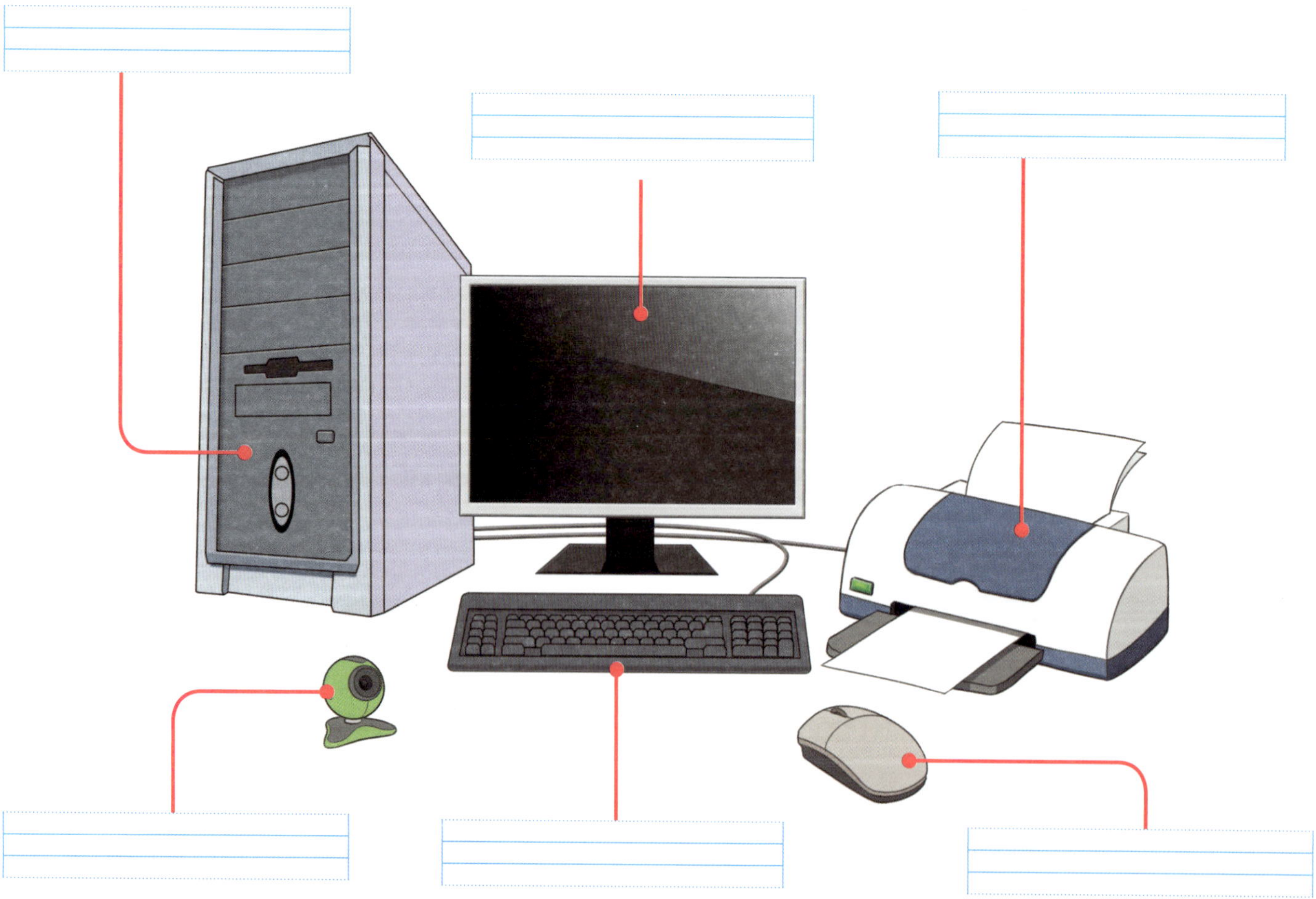

3 ¿Para qué sirve cada parte del ordenador? Une.

Sirve para movernos por la pantalla.

Lo usamos para escribir.

Guarda toda la información que tenemos en el ordenador.

Vemos en ella lo que hacemos en el ordenador.

Las partes del ordenador son: la **pantalla**, la **torre**, el **teclado** y el **ratón**.

APLICAMOS

4 Dibuja el ordenador que tienes en casa o en el colegio y contesta a las preguntas.

¿Tu ordenador se parece al del dibujo de la página de al lado? ______

¿A tu ordenador le falta alguna parte de las que aparecen en el dibujo? ¿Cuál?

______

¿Tu ordenador tiene alguna parte más? ¿Cuál?

______

PIENSO Y ACTÚO

Inventos

1 ¿Por qué crees que Nora ha inventado el recogejuguetes? Marca.

- ☐ Para divertirse.
- ☐ Para no tener que recoger los juguetes.
- ☐ Para barrer la casa.

2 ¿Qué máquina te gustaría inventar para ti? Completa.

Se llamaría ______________________________.

Serviría para ______________________________.

Taller Futbolín

PASO 1

Recorta un agujero a cada lado de la caja y pega un trozo de malla.

PASO 2

Clava 4 palitos de pinchos, de forma que atraviesen la caja.

PASO 3

Decora 10 pinzas y pégalas en los palos. ¡Serán los jugadores!

PASO 4

Deja secar las pinzas y coge una bola. ¡Ahora toca jugar!

1 Rodea los materiales que ha utilizado Nora y escribe su nombre.

2 Prueba a jugar con distintos tipos de bolas. ¿Qué ocurre? Habla con tu equipo.

COMPRUEBO LO APRENDIDO

1 Completa.

Las máquinas funcionan con

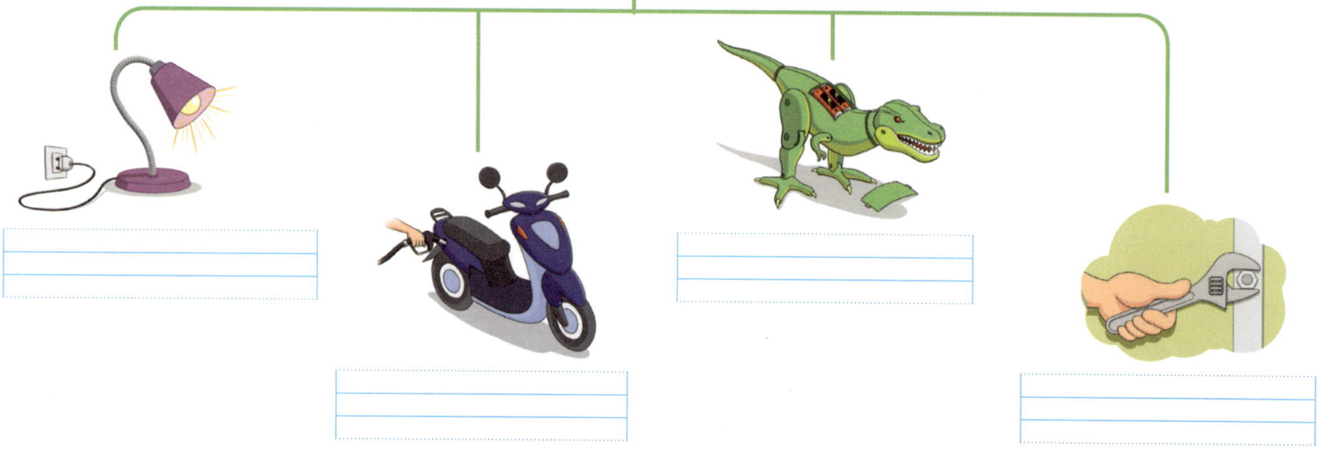

2 Observa el folleto y escribe los números.

◯ Máquina compleja que sirve para cortar madera.

◯ Máquina sencilla que sirve para hinchar ruedas.

◯ Máquina compleja que sirve para orientarse.

◯ Máquina sencilla que sirve para regar las plantas.

◯ Máquina compleja que sirve para hacer zumo.

◯ Máquina compleja que sirve para limpiar.

3 ¿Qué necesita cada uno para su trabajo? Tacha al intruso.

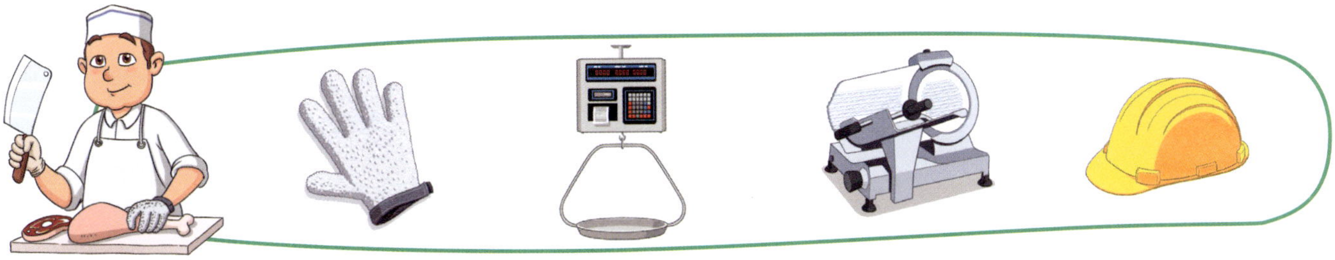

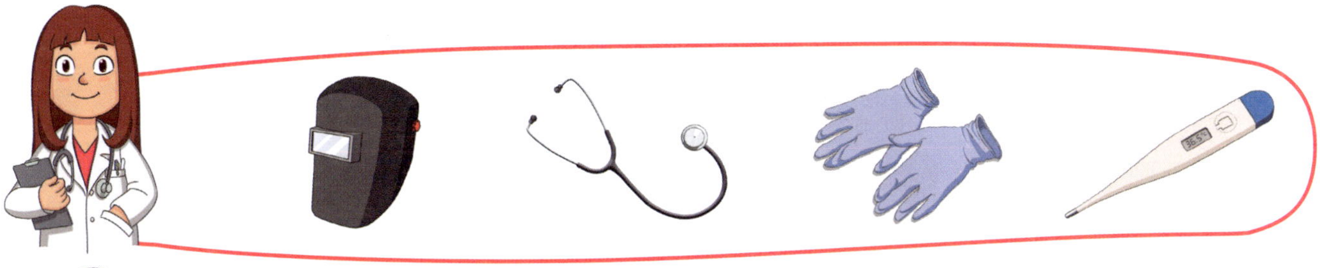

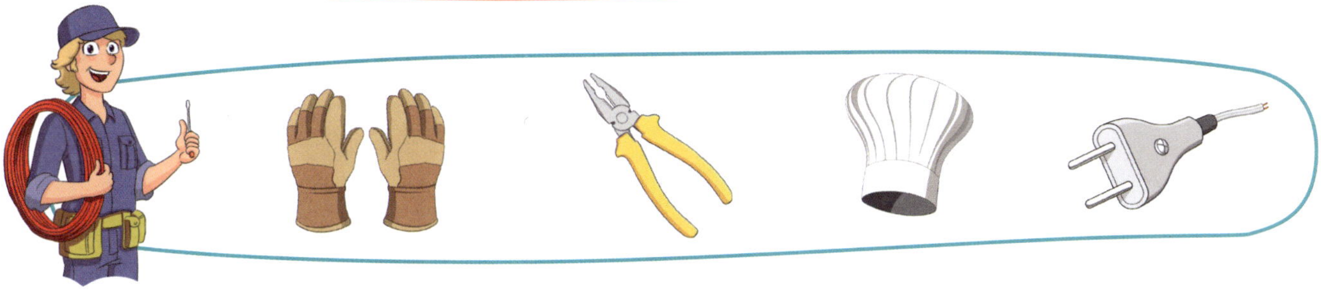

4 ¿Qué función tienen las partes del ordenador? Escribe.

teclado   ratón   pantalla

- El ________ sirve para moverse por la pantalla.
- En la ________ vemos todo lo que escribimos con el ________.

5 **PREPARO LA TAREA.** Elige una máquina que te guste y dibújala o pega su fotografía en un trozo de cartulina.

Mi diario

6 ¿Qué máquina me ha costado más aprender? Explico por qué me ha costado más que a mis compañeros.

MEJORA TU CREATIVIDAD

Estamos rodeados de máquinas que nos hacen la vida mucho más fácil. Vamos a investigar sobre ellas. Después, construiremos una máquina todos juntos.

¡CUÁNTAS MÁQUINAS!

PASO 1 Por equipos, juntamos las imágenes de la unidad 6 y elegimos una.

PASO 2 Averiguamos cómo funciona, cómo hay que utilizarla, para qué sirve, qué partes tiene y con qué materiales está hecha.

PASO 3 Elaboramos un mural sobre nuestra máquina con toda la información que hemos buscado. ¡No olvidéis escribir su nombre!

CONSTRUIMOS UNA MÁQUINA REGISTRADORA

TAREA FINAL

Juntamos el material que llevamos a clase.

PASO 1 Dibujamos las teclas, pegamos el tubo y pintamos la máquina.

PASO 2 Cortamos la caja y metemos el envase. ¡Será el cajón del dinero!

PASO 3 Recortamos el tubo, si sobresale de la caja, y le hacemos un corte para colocar los precios.

PASO 4 Cortamos 11 piezas de cartón y escribimos los números del 0 al 9 y el símbolo del euro, €.

Mi diario

1. ¿Qué te ha gustado más de la tarea? Pega .
2. ¿Para qué puedes utilizar la máquina registradora? Habla con tu equipo.

EL GRAN JUEGO DE NORA

1 ¿Cómo son estos objetos? Une.

áspero · transparente · blando

4 ¿Qué puedes reciclar en este contenedor? Tacha los intrusos.

5 Rodea de ◯ la máquina que necesita electricidad y de ◯ la que necesita gasolina.

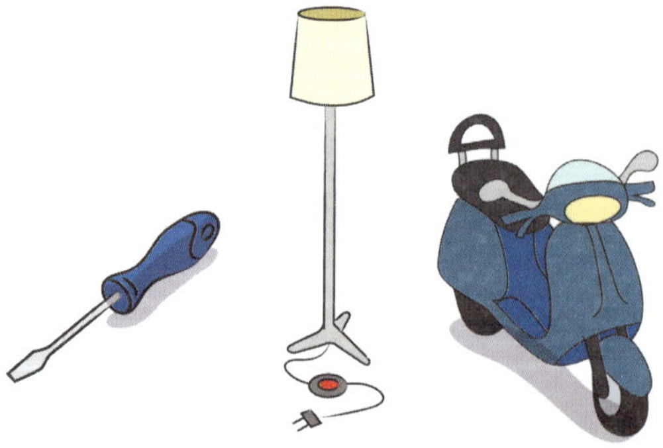

2 ¿Cuál de los siguientes materiales utilizarías? Completa.

vidrio | plástico | madera | metal | algodón

Si no hay cuero para hacer un balón,

lo haría de ______________________ .

Si no hay lana para hacer un jersey,

lo haría de ______________________ .

3 Escribe V si es verdadero y F si es falso.

- ☐ Obtenemos energía del Sol, del agua y del viento.
- ☐ Producir energía no afecta al medioambiente.
- ☐ Todas las máquinas necesitan energía eléctrica para funcionar.
- ☐ Podemos reducir el consumo de energía.

Colorea de verde las preguntas que has acertado. ¿Cuántas son?

6 ¿Cómo han evolucionado estas máquinas? Ordena.

El libro **Ciencias de la Naturaleza para 1.º de Primaria** forma parte del Proyecto Editorial de Educación Primaria de SM. En su realización ha participado el siguiente equipo:

Autoría
Equipo editorial SM, Mercedes Garín (Pienso y actúo), Pilar Menéndez (Mejoro mi...), Ana Cid, Teresa de Matías y Esther Hernández

Edición
Elsa Álvarez, María José Martínez, Esther Real y Pilar Castaño

Asesoría pedagógica y científica
José G. López de Guereñu

Corrección
Olivia Tapia

Ilustración
Guillermo Berdugo Garvía; Alberto García Ayerbe; Dani; Oriol Vidal Pastor; Mercedes Rodrigo Miranda; María José García Simavilla; José Manuel Fernández del Castillo; Said Polat; Marie Nigot Giaux; David Arumí; Eduardo Rodríguez Marín; Javier Salas Larrota; Alya Mark; Arianeta; Pablo Hernández Sáenz; Jesús López Pastor; Marta Biel Tres.

Fotografía
Sergio Cuesta; M.C. Escher´s Print Gallery © 2017 The M.C. Escher Company-The Netherlands. All rights reserved. www.mcescher.com; Javier Calbet / ARCHIVO SM; Kmitu / iStock; THINKSTOCK; 123RF; SHUTTERSTOCK; ARCHIVO SM

Edición gráfica
Sergio Cuesta

Diseño de cubierta e interiores
Estudio SM

Coordinación editorial de Ciencias
Laura Pérez

Coordinación transversal del proyecto
Nuria Corredera, Mara Mañas, Antonio de Pedro y Nuria Vallina

Dirección de Arte del proyecto
Mario Dequel Losa

Dirección editorial
Aída Moya y Fina Arévalo

Igualdad de género
En SM utilizamos el masculino genérico, según las directrices académicas establecidas, para evitar textos excesivamente artificiosos y difíciles de entender. Con el fin de agilizar la lectura, utilizamos nombres de género común, y recurrimos a la duplicidad masculino/femenino cuando pueda producirse ambigüedad en el mensaje. En este último caso, equilibramos el uso de ambos géneros y evitamos estereotipos.

Así mismo, siguiendo la orientación de Ana López-Navajas, experta en igualdad de género, en Más Savia damos visibilidad a las mujeres desde diferentes perspectivas: ofrecemos una imagen ajustada y equitativa de todas las áreas del saber para construir un recorrido histórico sin sesgo de género, ofreciendo modelos históricos y culturales femeninos para transmitir una cultura participada por ambos sexos; identificamos el papel, impulsor de progreso social, que han tenido las mujeres anónimas en la intrahistoria; y ofrecemos referentes profesionales y experiencias vitales que rompen con una visión limitada de las vocaciones, aficiones y sensibilidades al no asociarlas con un género concreto.

Gestión de las direcciones electrónicas
Debido a la naturaleza dinámica de internet, SM no puede responsabilizarse de los cambios o las modificaciones en las direcciones y los contenidos de los sitios web a los que remite en este libro.

Con el objeto de garantizar la adecuación de las direcciones electrónicas de esta publicación, SM emplea un sistema de gestión que redirecciona las URL que con fines educativos aparecen en la misma hacia diversas páginas web; entre otras de uso frecuente: http://es.wikipedia.org, www.youtube.es. SM declina cualquier responsabilidad por los contenidos o la información que pudieran albergar, sin perjuicio de adoptar de forma inmediata las medidas necesarias para evitar el acceso desde las URL de esta publicación a dichas páginas web en cuanto tenga constancia de que pudieran alojar contenidos ilícitos o inapropiados. Para garantizar este sistema de control es recomendable que el profesorado compruebe con antelación las direcciones relacionadas y que comunique a la editorial cualquier incidencia a través del correo electrónico ediciones@grupo-sm.com.

ISBN Cantabria: 978-84-9107-675-9
ISBN Extremadura: 978-84-9107-913-2
ISBN Asturias: 978-84-9182-130-4
ISBN Castilla y León: 978-84-9182-130-4
ISBN Comunidad Valenciana: 978-84-9182-131-1
ISBN Andalucía: 978-84-9182-132-8
Depósito legal: M-725-2019
Impreso en la UE / *Printed in EU*

Este libro está impreso en papel procedente de bosques gestionados de manera sostenible.

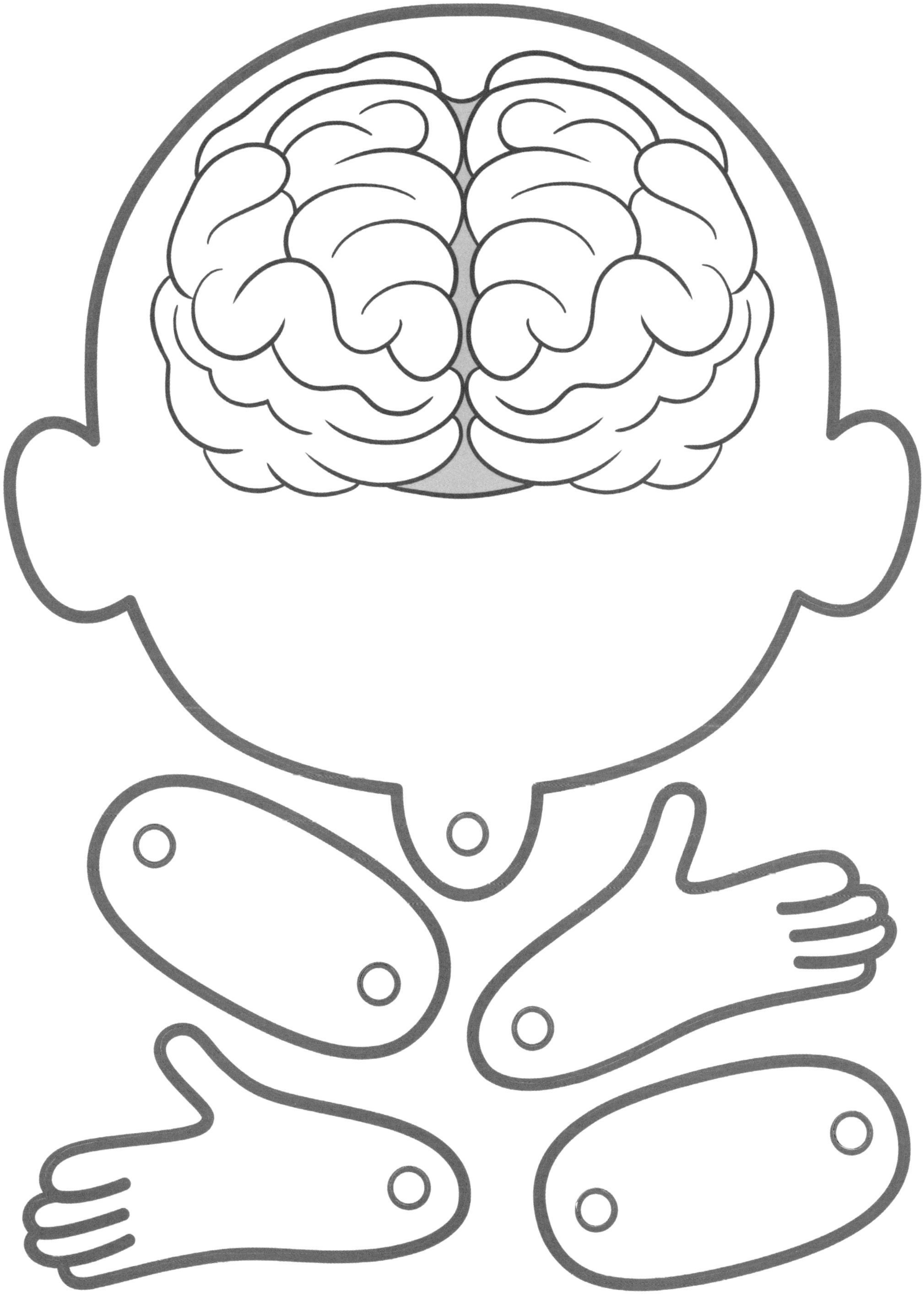

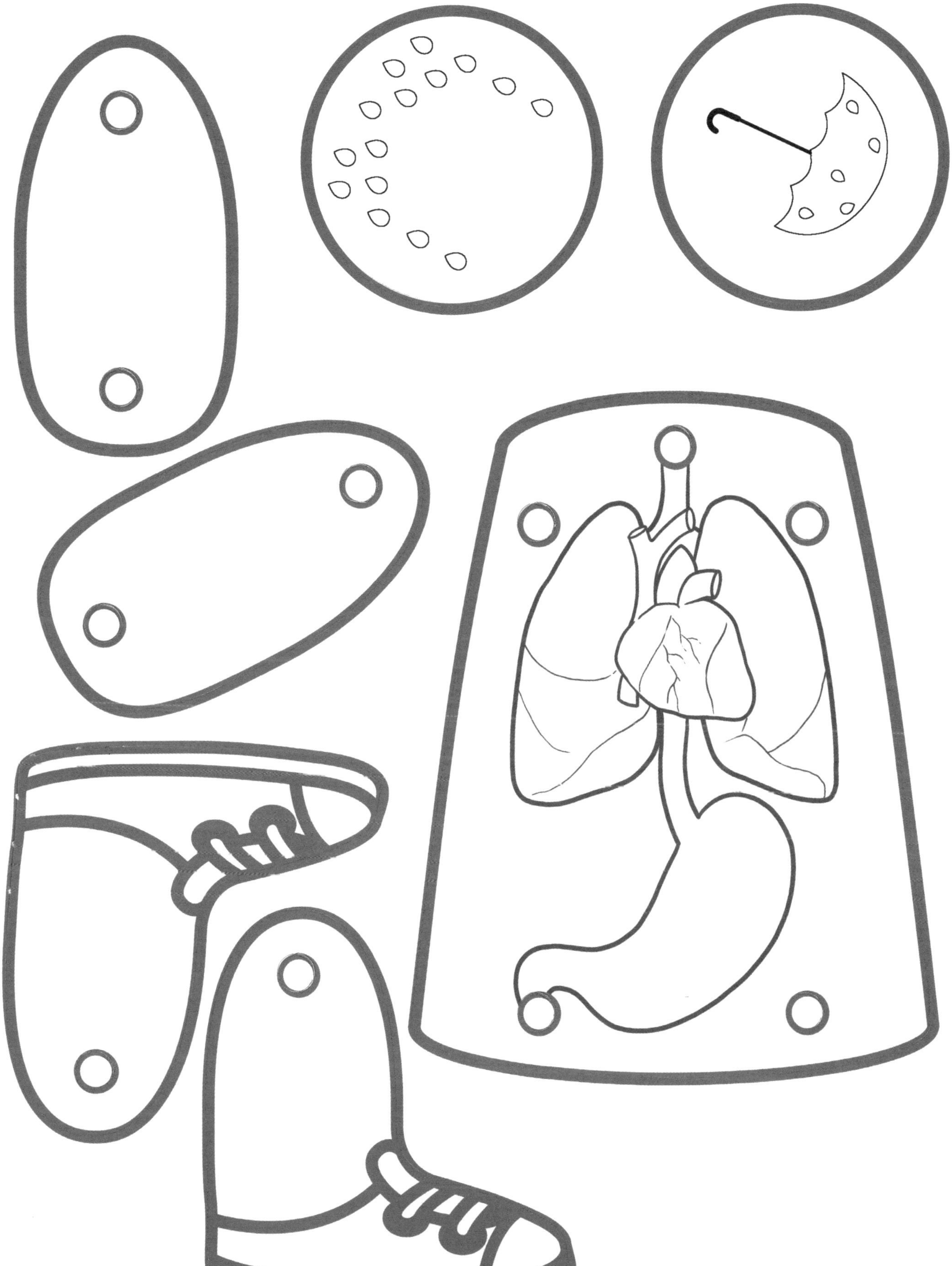

UNIDAD 1 Página 14

COMPRUEBO LO APRENDIDO Página 34

MEJORA TU CUERPO Página 37

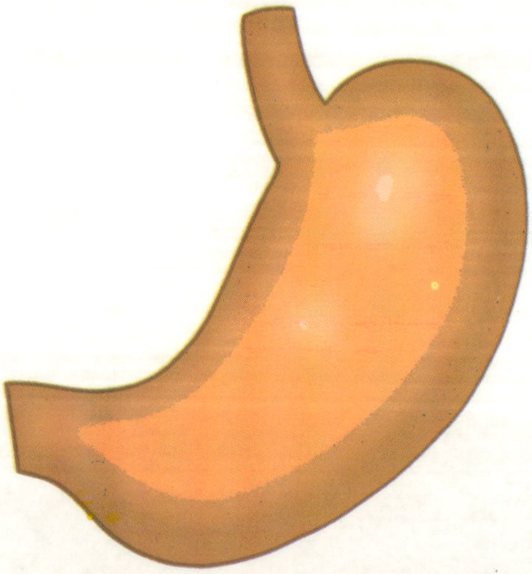

USO LIBRE

UNIDAD 4 Página 65

MEJORA TU MENTE Página 75

MEJORA TU CREATIVIDAD Página 109

COMPRUEBO LO APRENDIDO Página 93

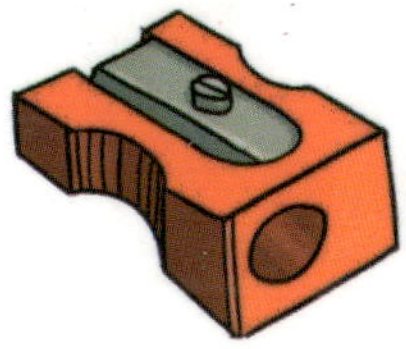

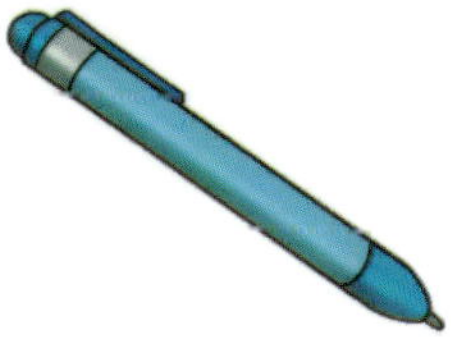

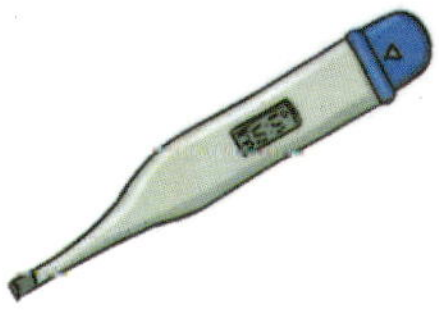

UNIDAD 5 Página 85

UNIDAD 5 Página 89

SE185247_1 EP